FRITZ MACKENSEN · OTTO MODERSOHN
HANS AM ENDE · FRITZ OVERBECK
HEINRICH VOGELER · PAULA MODERSOHN-BECKER

WORPSWEDE

MIT EINER EINFÜHRUNG VON
KARL-VEIT RIEDEL

VERLAG ATELIER IM BAUERNHAUS

„... denn bildende Kunst soll Spiegelung der Natur
in einer Menschenseele sein –
wie die Seele, so die Kunst“
Fritz Mackensen

„Lieber das Kleinste groß malen,
als das Größte klein.
Da muß man sich entscheiden.“
Otto Modersohn

„Gibt es Schöneres als forschen, als ergründen,
immer tiefer eindringen in die Natur?“
Hans am Ende

„Die große Einfachheit der Form, das ist etwas Wunderbares.
Von jeher habe ich mich bemüht, den Köpfen,
die ich malte oder zeichnete,
die Einfachheit der Natur zu verleihen.“
Paula Modersohn-Becker

In der Bredenau 5
D-2802 Fischerhude
Layout: Wolf-Dietmar Stock
Satz: Fotosatz Klußmann, Bremen
Farblithos: G. Rieke, Achim
und color repro, Trossingen
Druck: Girzig & Gottschalk, Bremen
ISBN 3-88132 110-1

Karl-Veit Riedel

WORPSWEDE

Seit hundert Jahren ist Worpswede Künstlerort und hat seinen Rang als solcher für alle bildenden Künste, sogar für Literatur und Musik, durch all die wechselnden Phasen vom Durchbruch der Freiluftmalerei, des Impressionismus und des Expressionismus bis zur kritischen Kunst von heute behauptet. Dabei war es im vorigen Jahrhundert als Moordorf, in dem es nur harte Arbeit und herbe Not gab, eigentlich gar nicht prädestiniert, einmal Pflegstatt der schönen Künste zu sein oder überhaupt mit Kultur in Verbindung gebracht zu werden. Nur einen Vorzug genoß es vor den anderen abgelegenen und durch Überschwemmungen oft viele Monate von aller Welt abgeschnittenen Kolonaten um das Teufelsmoor: es war durch die vom Königlich Hannoverschen Moorkommissar Jürgen Christian Findorff (1720 – 1792) 1754 erbaute und später von vielen Künstlern als malerisches Motiv gewählte Zions-Kirche zum zentralen Ort im Moor erhoben worden.

Worpswedes Entdeckung war fast ein Zufall. Der erste, der das Teufelsmoor mit der Kunst in Verbindung brachte, war der als geschätzter Reiseschriftsteller durch die ganze Welt gereiste Bremer Johann Georg Kohl (1808 – 1878), der 1858 in seine Vaterstadt zurückkehrte und dort später Stadtbibliothekar wurde. Er schilderte 1864 in seinen „Nordwestdeutschen Skizzen“ die bedrückenden Lebensverhältnisse der Kolonisten am Teufelsmoor, fuhr dann aber fort: „Ich begreife nicht, daß unsere Maler das Leben und Treiben an solchen merkwürdigen Hochmoorhäfen und Torffabrikstätten, die sich überall an den zerfressenen Rändern unserer Hochmoore darbieten, noch so wenig zum Gegenstand von Studien gemacht haben (Die Bairischen „Moose“ bei München sind von den malerischen Poeten weit besser ausgebeutet worden). Und doch würden sie dort nicht nur höchst eigentümliche Bilder gewinnen, sondern Szenen darstellen können, die tausend und tausend mal in unserem nordwestlichen Deutschland vorkommen, den Bewohnern des Inneren derselben schon geläufig sind und daher eine vaterländische Bedeutung besitzen. Viel Farbenpracht würde bei diesen Bildern freilich nicht entwickelt werden können. Denn Wege und Stege, Land und Wasser, die „Huttens“ (= Torfhütten) und ihre torfbewußten Bewohner, alles ist mit der einen dunklen Tintenfarbe des Moors überzogen."

Im Grunde hatte er damit das Programm der Worpsweder Malerei entworfen. Daß es ein Menschenalter später von Künstlern am Ort verwirklicht werden würde, weil sie sich von den kräftigen und feinen und vor allem ständig wechselnden Farbreizen der Natur in der Moorregion angezogen, künstlerisch angeregt und zu gültigen Werken der Malerei herausgefordert fühlten, konnte er nicht ahnen, und noch weniger, daß diese Landschaft noch 125 Jahre später heute ihre Anziehungskraft sogar auf Künstler, die seit 1972 dank eines Werkstatt- und Wohnstipendiums Gäste Worpswedes geworden sind und aus ganz anderen, außereuropäischen Kulturkreisen kommen, ausübt.

Der eigentliche Entdecker Worpswedes für die Kunst war Fritz Mackensen. Aus ärmlichen Verhältnissen stammend, konnte er dank seiner außerordentlichen Begabung und seines disziplinierten Fleißes 1884 ein Kunststudium an der Düsseldorfer Akademie beginnen. Noch im selben Jahr lernte er dort Emilie (Mimi) Stolte, die Tochter des Worpsweder Kaufmanns und Bürgervorstehers, kennen, die ihn zu den Herbstferien nach Worpswede einlud. Gleich am ersten Tag beeindruckten ihn die Landschaft und die in ihr lebenden Menschen und die Einheit von Natur und Leben so, daß er das Dorf zwischen Weyerberg und Teufelsmoor als seine neue und künstlerische Heimat empfand. Wenn sein erster Ferienaufenthalt in Worpswede auch Zufall war, dies war kein Zufall, sondern im Zuge der Zeit vorbereitet.

Nach und nach hatten die Künstler seit der zweiten Hälfte des 18. Jahrhunderts neben den klassischen Kunstlandschaften Italiens die heimischen Landschaften, erst die Schweizer, dann die Tiroler und die bayrischen Alpen, dann die deutschen Mittelgebirge und schließlich in der zweiten Hälfte des 19. Jahrhunderts die norddeutschen Tiefebenen, die Küste, das Moor und die Heide mit ihren Schönheiten als unerschöpfliches Reich malerischer Motive erkannt. Die herben Formen, die schweren Stimmungen, die unberührte Natur faszinierten sie, zumal es sie seit den Malern von Barbizon und den Anfängen der Freiluftmalerei zum Malen vor der Natur in die Natur zog. Die Natur, wiedererkannt als die Lehrmeisterin des Künstlers und des Menschen, bot mit ihren ständig wechselnden Formen und Farben immer neue Erfahrungen und forderte heraus, das Unbestimmbare, immer in Veränderung Begriffene, nur im Augenblick Wirkliche, auch die Bewegung und die unfaßbaren Elemente Luft, Licht und Wasser ins ewig unwandelbare Bild zu bannen, ein Schritt für Schritt durchgängig verfolgtes, durch Raum- und Farbperspektive, Lösung von der Lokalfarbe erobertes, im Impressionismus erreichtes Ziel der abendländischen Kunst.

Hinzu kam noch und paarte sich mit dieser Entwicklung, daß Mißbehagen der jungen Künstler am Trott der Akademien und das Mißbehagen an der mit dem Verlust von gewachsener Tradition und liebgewordenen Lebensformen verbundenen Technisierung, Industriealisierung und Verstädterung. Die Heimatbewegung, der Gedanke des Heimat- und Naturschutzes, der Heimat- und Naturpflege nahm hier seinen Anfang, und die Künstler waren dafür besonders aufgeschlossen, gingen an abgelegene Orte, machten sie bekannt und erschlossen sie dadurch, auch für den Fremdenverkehr, so auch Worpswede.

Nach weiteren Ferienaufenthalten in Worpswede zog Fritz Mackensen seine Malerkollegen Otto Modersohn und Hans am Ende 1889 nach, und beim Abschied vom Sommerferienort der jungen Künstler sprach Otto Modersohn den Gedanken aus, der Akademie den Rücken zu kehren und ständig am Ort zu bleiben. Es folgte ein Winter in völliger Abgeschiedenheit, nur erfüllt mit Arbeit in stetem Gedankenaustausch und freundschaftlicher Werkgemeinschaft, einer im 19. Jahrhundert durchgängig von jungen Künstlern angestrebten Form der künstlerischen Ausbildung und Existenz. Worpswede war Künstlerort geworden. Schon als die Worpsweder Künstler 1895 erstmals in der Bremer Kunsthalle gemeinsam mit einer zwiespältig aufgenommenen Ausstellung an die Öffentlichkeit traten und kurz darauf im Münchner Glaspalast ihren erfolgreichen Durchbruch hatten, wurde von einer Worpsweder Schule und einem Worpsweder Stil gesprochen. Beides hat es in diesem Sinne nie gegeben. Wohl gab es, bedingt durch die gleichen Motive und die Faszination von den besonderen Farbreizen der Moorlandschaft starke Ähnlichkeiten und Gemeinsamkeiten, auch Verwechselungen, aber bei genauerem Hinsehen waren immer die unverwechselbaren eigenen Handschriften der Künstler feststellbar, und nicht zufällig betonte die Satzung der Künstlervereinigung ausdrücklich die Entfaltung der künstlerischen Individualität jedes Einzelnen. Bereits 1899 zerfiel auch die Künstlergemeinschaft – Otto Modersohn, Fritz Overbeck und Heinrich Vogeler hier und Fritz Mackensen und Hans am Ende, die eher konservativ Denkenden, dort –, und nach 1902 gab es keine gemeinsame Ausstellung mehr. Das hatte nicht nur persönliche, sondern auch künstlerische Gründe.

Wie immer man die spätere Entwicklung beurteilen mag, der erste Worpsweder war Fritz Mackensen. Er verband die akademische Tradition mit dem malerischen Bekenntnis zur Natur und zur Heimat und einem neuen auf das Landschaftserlebnis und das Leben der geringen Leute bezogenen Realismus. Er blieb am meisten auch Figurenmaler und wurde nicht reiner Landschaftsmaler wie Modersohn oder Overbeck. Das Besondere seines Stils liegt gerade darin, daß er Landschaft und Mensch zu einer Einheit verschmilzt und, wiewohl er in erster Linie Bilder malt und darin auch Kolorist ist, immer das Charakteristische herausarbeitet, das Charakteristische der Landschaftsformen, das Charakteristische der Zeugnisse der menschlichen Existenz in diesem Land (beispielhaft dafür die Windmühlen und die Torfkähne) und das Charakteristische der von ihrem Schicksal geprägten Menschen. Die Schönheit des Urtümlichen wie die Not der Menschen kommen bei ihm unmittelbar zur Erscheinung und hat der Mit- und Nachwelt die Augen geöffnet, auch wenn spätere Generationen gerade die Not anders und nicht mehr so unabwendbar gegeben sehen wie er.

Ganz anders in Wesensart und Stil war Otto Modersohn, der von allen Worpswedern am stärksten auf die Natur bezogen war. In ihr sah er die ewige Lehrmeisterin des Künstlers, und ihr Innerstes suchte er zu erfassen und wiederzugeben. Sein ganzes Leben stellte er in ihren Dienst, um ihr Studium bemüht und Studien anfertigend, und noch im hohen Alter dankbar für nie erlebte Naturschauspiele im Moor. Er ist der eigentliche Landschafter, Lyriker und Kolorist unter den Worpswedern und erhob immer wieder die Landschaftsformen, die Bäume und Sträucher, die wechselnden Erscheinungen der Witterung, der Tages- und der Jahreszeiten zu Bildthemen, und das in all ihrer Gegensätzlichkeit. Die Farben der leuchtenden Blütenpracht und des durchsonnten Herbsttages gehörten ebenso zu seiner Palette, wie die des stürmischen Tages und der schon nächtlichen Dämmerung. War er es, der als erster in Worpswede Enge empfand und sich aus der Künstlergemeinschaft löste, so war er es auch, der sich dauerhaft zu Worpswede und zu dem bekannte, was sich ihm hier erschlossen hatte, und er, der von Böcklin und den Malern von Barbizon Geprägte, war der erste, der sich nach der Jahrhundertwende für das Neue in der französischen und der deutschen Kunst aufschloß, und war auch der, der von Anfang an das Große und Neue, daß sich in der Kunst von Paula Becker zeigte, erfaßte.

Wieder anders als Modersohn und Mackensen empfand und malte Hans am Ende, der am engsten mit Mackensen verbunden und – wenn man das Wort frei von allen abschätzigen Nebentönen verstehen kann – der konservativste unter den Worpswedern war. Bei ihm gewinnen die typischen Worpsweder Motive absolute Weite und Pracht, und wie bei kaum einem anderen werden bei ihm die Landschaftsstrukturen zu Strukturen strengen Bildbaus. Ohne daß die Farbe darüber an Gewicht verlöre, haben seine Bilder immer auch etwas Grafisches, und es ist keineswegs Zufall, daß gerade die Grafik bei ihm einen besonderen Schwerpunkt bildet und von ihm unter den Worpswedern heimisch gemacht wurde.

Otto Modersohn wieder näher war Fritz Overbeck, der als vierter an den Ort kam und hier die Motive für seine eigenwilligen, großzügigen und kontraststarken Landschaften fand. In souveräner Malweise gestaltete er die charakteristischen Formen von Moor und Heide, und die großen erregenden Himmel über dem meist flachen Land. Er war vor allem ein Meister der Wolken und erfaßte die Naturstimmungen vom sanften Adagio bis zum Furioso in einer durch Selbstdisziplin und die Verpflichtung auf die Naturwahrheit gebändigten Expressivität.

Heinrich Vogeler ist sowohl unter den ersten Worpsweder Malern wie überhaupt in der Kunst des frühen 20. Jahrhunderts ein Sonderfall. Er nahm seinen Ausgang von der Malerei, und er blieb auch immer Maler, wie noch seine späten Rußlandbilder bestätigen, doch das Wesentliche an ihm ist seine Allseitigkeit als Grafiker, als Schöpfer von Buchschmuck, als Entwerfer von Gerät, von Möbeln und von Raumensembles und als Architekt, der auch musizierte und Gedichte schrieb. Tragend war für ihn die Idee der Einheit von Kunst und Leben im Sinne der Durchdringung des Alltags aller, der Großbürger wie der Arbeiter, mit dem Schönen, mit der guten Form für alle, aber auch unter dem gefährlichen romantischen und ganz subjektiven Aspekt der Durchdringung von Kultur und Natur, von Vergangenheit und Gegenwart, von Pracht und Einfachheit. Daher rührt seine Verbindung mit dem Jugendstil, und darum liegt in jedem seiner Bilder ein ganz persönliches Bekenntnis; immer wieder sind seine Bildthemen „sein“ „Barkenhoff“ und „seine“ Frau Martha, die er als Märchenfee, als Minnefräulein und als Madonna wie aus einer fernen Welt in die seine versetzte. Sein großes Gemälde „Das Konzert“ = „Sommerabend (auf dem Barkenhoff)“ von 1905 vereint alles und läßt im Glanz der Blütezeit Worpswedes ahnungsvoll schon die spätere Krise und das Ende dieser Pracht anklingen.

Zwar aus dem Rahmen der ersten Worpsweder Maler herausfallend und doch zu ihnen gehörend ist Paula Becker, die seit der ersten Bremer Ausstellung von Worpswede fasziniert war, als Schülerin von Fritz Mackensen an den Ort kam und nicht nur eine malerische Begabung, sondern auch wachen Blick und Urteilsfreudigkeit mitbrachte. Sie sah Neues und hinterließ bei ihrem frühen Tode ein erstaunliches, aber nicht abgeschlossenes Werk, gleichsam ein aus beständigem An-sich-selbst-arbeiten hervorgegangenes großes Experiment. Es ist nicht richtig, daß sie nur verkannt wurde. Modersohn, Vogeler, Hoetger, ja sogar Mackensen haben sie erkannt und gewürdigt. Richtig ist aber auch, daß volle historische Klarheit über ihre Werke bis heute nicht besteht. Sie malte eigenwillige Landschaft und farbstarke Stilleben und erfaßte mit ihrem elementaren Zugriff besonders Menschen: die ausgeprägten Persönlichkeiten, denen sie begegnete, häufiger als andere Künstler auch sich selbst, Alte und Arme und vor allem Kinder. Niemals beschönigend, weist sie auf das Innere des Wesens und auf das Urtümlich-Menschliche, auch, doch ohne jede soziale Anklage, auf die Not.

Wenn sich bei Künstlergruppen und Künstlerkolonien drei Formen unterscheiden lassen, die auf geistiger Verwandtschaft beruhende Werkgemeinschaft, die Ausstellungsgemeinschaft und die losere örtliche Gemeinschaft an einem Künstlerort, so haben die ersten Worpsweder nacheinander und auch in relativ kurzer Zeit alle drei Formen durchlebt, doch sie blieben dem Ort verbunden. Ihre gemeinsame Zeit waren drei Jahrzehnte vom ersten Aufenthalt Mackensens 1884 bis zum Ausbruch des Ersten Weltkrieges 1914. Die markanten Einschnitte dieser Zeit waren die Entdeckung des Ortes 1884, das Seßhaftwerden am Ort 1889, der gemeinsame Durchbruch, der Worpswede weithin bekannt machte, 1895, die ersten Trennungen von der Künstlergemeinschaft 1899 und nicht zuletzt das Hochzeitsjahr 1901. Es folgte dann die Glanzzeit des Barkenhoffs und die Krise Vogelers, der Einzug des Kunsthandwerks und des Expressionismus, die als Synthese von Entfremdung und Findung verstehbare menschlich-künstlerische Wechselbeziehung von Otto und Paula Modersohn, und es folgten, das sollte man nicht vergessen, die Jahre des Erfolges von Mackensen.

Als Bildergalerie der gemeinsamen Jahre der ersten Worpsweder ist dieser Band angelegt mit Gemälden aus den Jahren 1884 bis 1912 und einigen wenigen aus späteren Jahren, die das Bild runden. Das Verwandte, aber mehr noch das Individuelle der sechs Künstlerpersönlichkeiten und ebenso die Vielfalt der Motive und Auffassungen tritt hervor. Eine

Galerie ist der Band auch darin, daß der Betrachter in großformatigen Abbildungen Werke betrachten und vergleichen kann, die – und dies wurde durch die Reproduktion vieler Bilder aus Privatbesitz möglich, wofür den Besitzern Dank gebührt –, nur selten an einem Ort nebeneinander zu finden sind. Durch die zusätzliche Wiedergabe von Bildausschnitten, teils größer als das Original, hat der Betrachter sogar die Möglichkeit, die er meistens nicht einmal in Museen und Ausstellungen hat, nämlich die Details bis zum Pinselstrich wie mit der Lupe zu erkennen. Diese Einführung und die biographischen Daten sind mit Absicht knapp gehalten aus dem Gedenken heraus, daß das Wesentliche, worauf es für die Kunst ankommt, das unvoreingenommene und bewußte Betrachten ist, und auch wenn die Bilder schon lange ihren Platz in der Geschichte haben und allgemein anerkannt sind, bleibt.

1866
geboren in Greene bei Kreiensen (8. 4.)
Beginn des Kunststudiums an der Akademie Düsseldorf,
später fortgesetzt in München, Karlsruhe
und Berlin
1884
erster Aufenthalt in Worpswede als Feriengast
der Familie des Bürgervorstehers Stolte;
wiederholte Aufenthalte in Worpswede während
der folgenden Jahre
1889
gemeinsamer Aufenthalt in Worpswede mit Otto Modersohn
und Hans am Ende; Entschluß, immer in Worpswede zu bleiben
1895
erste gemeinsame Ausstellung der Worpsweder Maler in der Bremer Kunsthalle
mit zweifelhaftem Erfolg und im Münchner Glaspalast mit überwältigendem Erfolg;
dort Goldmedaille für das Gemälde „Gottesdienst im Moor",
das nach Eindrücken von 1884 in den Jahren 1892 bis 1895
gemalt wurde
1898
Goldene Staatsmedaille anläßlich der Jubiläumsausstellung
im Künstlerhaus Wien;
zunehmend Schüler, darunter Paula Becker und Clara Westhoff
1900 – 1904
Bau des Künstlersitzes „Villa Susenbarg" am Hang des Weyerbergs
1907
Ehe mit seiner Schülerin Hertha Stahlschmidt
1908
Berufung als Professor an die Weimarer Kunsthochschule;
1910 dort Direktor
1918
Rücktritt von diesem Amt
und Rückkehr nach Worpswede
1933
Aufbau der „Nordischen Kunsthochschule" in Bremen,
kurz nach der Eröffnung Entlassung aus dem Amt
1953
gest. in Worpswede als letzter der ersten Worpsweder Künstler (12. 5.)
kurz zuvor Auszeichnung mit dem Bundesverdienstkreuz

Fritz Mackensen, Selbstportrait, um 1930

Fritz Mackensen, Brücke am Kanal, 1884
Mackensens erste, in Worpswede gemalte Landschaftsstudie

Fritz Mackensen, Alte Wollspinnerin, 1891
Mackensens erstes, in Worpswede gemaltes figürliches Bild

Fritz Mackensen, Mädchen am Gartenzaun, 1897

Fritz Mackensen, Worpsweder Mühle, 1889

Bild auf den Seiten 16 und 17:
Fritz Mackensen, Gottesdienst im Moor (1884-1894)

Fritz Mackensen, Der Säugling, genannt „Moormadonna", 1892
rechts: ein Ausschnitt aus dem obigen Bild

Fritz Mackensen, Torfkähne auf der Hamme, 1897

Fritz Mackensen, Herbst, 1896

Fritz Mackensen, Holzschuhschnitzer im Teufelsmoor, 1898

1865
geboren in Soest/Westfalen (22. 2.)
1884
Beginn des Kunststudiums an der Akademie Düsseldorf
später fortgesetzt in München, Karlsruhe und Berlin
1889
erstmalig in Worpswede mit Fritz Mackensen und Hans am Ende;
Vorschlag, den Akademien den Rücken zu kehren
und in Worpswede zu bleiben
1895
Ausstellung mit den Worpsweder Künstlern in der Bremer Kunsthalle (Mißerfolg)
und anschließend in der Internationalen Kunstausstellung im Münchener Glaspalast (Durchbruch);
Ankauf des Gemäldes „Sturm im Teufelsmoor“
für die Münchener Pinakothek
1896
Entdeckung von Fischerhude als Künstlerort
1897
Ehe mit Helene Schröder (gest. 1900)
1899
Austritt aus der „Künstlervereinigung Worpswede“ und künstlerische Neubesinnung
1901
Ehe mit Paula Becker;
in den folgenden Jahren Reisen nach Paris
1906
gemeinsamer Aufenthalt mit Paula in Paris;
1907
Rückkehr nach Worpswede und Tod Paulas
1908
Übersiedling nach Fischerhude;
mit Heinrich Vogeler Einrichtung der ersten postumen Ausstellung
für Paula Modersohn-Becker in Berlin
1909
Ehe mit Louise Breling in Fischerhude
1927 – 1936
regelmäßige Sommeraufenthalte im Allgäu;
ab 1930 zweiter Familiensitz auf dem Gailenberg bei Hindelang
1943
gestorben in Rotenburg/Wümme (10. 3.)

Fritz Mackensen, Otto Modersohn beim Malen, um 1890

Otto Modersohn, Weg mit Blütenbäumen, 1888

Otto Modersohn, Moorkate mit Bäuerin und Ziege, 1889

Otto Modersohn, Stürmischer Sommertag mit Worpsweder Kirche, 1891

Bild auf den Seiten 30 und 31
Otto Modersohn, Die Wolke, um 1890 (Ausschnitt)

Otto Modersohn, Im Teufelsmoor, um 1896

Otto Modersohn, Herbstmorgen am Moorkanal, 1895

Bild auf den Seiten 36 und 37:
Otto Modersohn, Sommertag (Malven), 1896

O Modersohn 96

Otto Modersohn, Birkengruppe, 1901

Otto Modersohn, Wiesengräser mit Blumen, um 1902

Otto Modersohn, Schützenfest in Worpswede, um 1905

Otto Modersohn, Paula im nächtlichen Garten, um 1901

1864
geboren in Trier (31. 12.)
1884
Beginn des Kunststudiums an der Akademie München,
später noch fortgesetzt an der Akademie Karlsruhe
1887
Bekanntschaft mit Fritz Mackensen,
der ihn nach Worpswede zieht
1889
erstmalig in Worpswede; im Herbst mit Otto Modersohn in Paris,
im Winter in Berlin; Bekanntschaft mit Carl Vinnen
1892
erste Worpsweder Radierungen,
damit Vorbild für alle anderen Worpsweder Künstler in dieser Technik
1895
endgültig in Worpswede; Bau eines Wohn- und Atelierhauses
neben Heinrich Vogelers Barkenhoff;
Teilnahme mit großformatigen Radierungen an der Internationalen Kunstausstellung
im Münchner Glaspalast; Gründung des Vereins für Originalradierung am Weyerberg
mit Fritz Mackensen, Fritz Overbeck und Heinrich Vogeler
1897
entwirft und schreibt die Satzung der „Künstlervereinigung Worpswede";
Ehe mit Magda Willatzen
1899
Trennung vom Kreis um Otto Modersohn und Heinrich Vogeler;
Entfremdung vom Barkenhoff noch vor dessen Blütezeit
1903 – 1904
aus Gesundheitsgründen Kuraufenthalt im Harz
und Italien-Reise
1909 – 1910
Kuraufenthalt in Bad Oeynhausen, Stuttgart, Wiesbaden,
Campfer bei St. Moritz;
Einrichtung eines provisorischen Ateliers in Tecklenburg
1914
als Kriegsfreiwilliger Hauptmann im Ersten Weltkrieg
1918
gest. in Stettin im Lazarett an den Folgen einer Kriegsverwundung (9. 7.)

Hans am Ende, Wolke, 1895

Hans am Ende, Weites Land, 1902

Hans am Ende
Worpswede

Hans am Ende, Birken am Torfkanal, um 1900

Hans am Ende, Sommertag, 1901

Bild auf den Seiten 48 und 49:
Torfkähne auf der Hamme (Überschwemmung), um 1900

Hans am Ende, Frühlingstag, 1897 oder 1898

Hans am Ende, Weyerberg mit Sommerwolken, um 1899

Bild auf den Seiten 54 und 55:
Hans am Ende, Segelfahrt, 1899

Hans am Ende, Abend am Weyerberg, um 1900

Hans am Ende, Abend am Torfkanal, um 1900

Hans am Ende, Stimmung im Moor, um 1900

Hans am Ende, Wintertag in Worpswede, um 1900

1869
geboren in Bremen (15. 9.)
1889 – 1892
Kunststudium an der Düsseldorfer Akademie
1892
erstmalig in Worpswede; enge Verbindung mit Fritz Mackensen
und Otto Modersohn
1893
zum zweiten Mal in Worpswede
1884
ständig in Worpswede
1896
Einrichtung eines Ateliers
an der Sandkuhle am Weyerberg
1897
Ehe mit seiner Schülerin Hermine Rohte;
Große Goldmedaille der Internationalen Kunstausstellung in München
1899
Austritt aus der „Künstlervereinigung Worpswede“
zusammen mit Otto Modersohn und Heinrich Vogeler
1903 – 1904
Aufenthalte auf Sylt
1905
Übersiedlung von Worpswede nach Bröcken
bei Vegesack im Norden von Bremen
1909
gestorben in Bröcken bei Vegesack (7. 6.)

Otto Modersohn, Fritz Overbeck beim Malen, um 1900

Fritz Overbeck, Stürmischer Tag im Teufelsmoor, um 1900

Fritz Overbeck, Sommertag in der Hammeniederung, um 1900

Fritz Overbeck, Birken bei Worpswede, um 1900

Fritz Overbeck, Im Moor, um 1900

Fritz Overbeck, Hof in der Niederung, 1904

Bild auf den Seiten 68 und 69:
Fritz Overbeck, Moorwand im Frühlingsschmuck, 1909

Fritz Overbeck, Stürmischer Tag, um 1900

Fritz Overbeck, Bäume im Sturm, 1906

Fritz Overbeck, Aus Worpswede, um 1900

Fritz Overbeck, Blühendes Buchweizenfeld am Weyerberg, 1900

1872
geboren in Bremen (12. 12.)
1890 – 1893
Kunststudium an der Düsseldorfer Akademie
1894
Übersiedlung nach Worpswede;
im folgenden Jahr Erwerb und Beginn der Ausgestaltung des Barkenhoffs als Künstlersitz;
Anschaffung einer Presse für Druckgraphik
1899
Austritt aus der „Künstlervereinigung Worpswede“;
Aufenthalt in München und Mitwirkung an der von Rudolf Alexander Schröder
und Alfred Walter Heymel begründeten „Insel“; Buchschmuck
1901
Eheschluß mit Martha Schröder; Blütezeit des Barkenhoffs mit vielen Gästen
von Rang, darunter Rainer Maria Rilke nach seiner Rußland-Reise
1903 – 1905
Ausgestaltung der Güldenkammer im Bremer Rathaus
1908
Gründung der „Worpsweder Werkstätten“ mit seinem Bruder Franz Vogeler;
Beginn der Tätigkeit als Architekt nach den Grundsätzen:
Einheit von „Kunst und Leben“, „Kunst für alle“
(beispielhaft der Worpsweder Bahnhof 1910)
1914
nach der schon 1910 aufgebrochenen Ehekrise
Meldung als Kriegsfreiwilliger bei den Oldenburger Dragonern
1918
Protest gegen den Krieg, speziell gegen den Friedensvertrag von Brest-Litowsk 1917;
Verhaftung und Einweisung in eine Heilanstalt;
nach Kriegsende Mitarbeit im Arbeiter- und Soldatenrat;
Beginn der Schriften zur Propagierung des Expressionismus und des Kommunismus,
eines neuen Lebens und einer neuen Gesellschaft
1919
Umwandlung des Barkenhoffs in eine Kommune, Siedlungsgemeinschaft mit Arbeitsschule,
die 1923 der „Roten Hilfe“ als Kinderheim übergeben wurde;
Bekanntschaft mit der „roten Marie“,
der jungen Dresdner Fabrikarbeiterin und Kommunistin Marie Griesbach;
daraufhin im folgenden Jahr Trennung von Martha Vogeler,
die sich das „Haus im Schluh“ als neue Existenz aufbaut;
Barkenhoff-Komplexbilder 1920 – 1926
1923
1. Reise in die Sowjet-Union; Ehe mit Sonja (Zofia) Marchlewska,
die 1928 getrennt wurde;
Aufenthalt in Berlin; endgültige Übersiedelung nach Moskau 1931
1942
gest. im Landkrankenhaus des Kolchos „Budjonny“ im Gebiet Karaganda, Kasachstan (14. 6.),
nach dem Abtransport der Deutschen aus dem kriegsbedrohten Moskau 1941

Heinrich Vogeler, Selbstbildnis mit Schottenkappe, 1909

Heinrich Vogeler, Der Barkenhoff mit Blick ins Moor, vor 1897

Heinrich Vogeler, Blick ins Moor, 1907

Heinrich Vogeler, Heufahrt auf der Hamme, um 1895

Heinrich Vogeler, Die Heiligen drei Könige, 1897

Heinrich Vogeler, Frühling, 1898
auf der rechten Seite: Ausschnitt aus dem Bild

Heinrich Vogeler, Am Weyerberg, 1912

Heinrich Vogeler, Erster Sommer, 1902 (Ausschnitt)

Heinrich Vogeler, Sommerabend auf dem Barkenhoff, um 1905

Die Personen von links nach rechts: Paula Modersohn-Becker, Agnes Wulf, Otto Modersohn, Clara Rilke-Westholt, Martha Vogeler, Martin Schröder, Franz Vogeler und (verdeckt) Heinrich Vogeler.

1876
geboren in Dresden (8. 2.)
1893 – 1895
Ausbildung auf dem Bremer Lehrerinnenseminar
1895
erste Begegnung mit den Worpsweder Malern durch die Ausstellung in der Bremer Kunsthalle
1896 – 1898
Künstlerische Ausbildung in Berlin
1898
nach einem ersten Besuch in Worpswede 1897 Übersiedlung in den Künstlerort; Schülerin von Fritz Mackensen; Freundschaft mit dessen Schülerin Clara Westhoff, der späteren Gattin von Rainer Maria Rilke
1899
erste Ausstellung in Bremen mit vernichtendem Presseurteil
1900
1. Reise nach Paris; Aufforderung an Otto Modersohn, Fritz Overbeck und Heinrich Vogeler zum Besuch der Weltausstellung
1901
nach einem Aufenthalt in Berlin Ehe mit Otto Modersohn (25. 5.); Hochzeitsreise nach Berlin, Schreiberhau (zu Carl Hauptmann), Prag und München; Einrichtung eines eigenen Ateliers im Brünjeshof in der Nähe von Heinrich Vogelers Barkenhoff
1903
2. Reise nach Paris
1905
3. Reise nach Paris
1906
Reise mit Otto Modersohn nach Schreiberhau (zu Carl Hauptmann), Dresden und Berlin; 4. Reise nach Paris; Freundschaft mit Berhard und Lee Hoetger und Aufenthalt von Otto Modersohn in Paris; gemeinsame Ausstellung mit Otto Modersohn in der Bremer Kunsthalle
1907
Reisen; Rückkehr nach Worpswede; gestorben in Worpswede (20. 11.) 18 Tage nach der Geburt der Tochter Mathilde

Paula Modersohn-Becker, Selbstbildnis im Halbakt, 1906

Paula Modersohn-Becker, Hand mit Blumenstrauß, 1902

Paula Modersohn-Becker, Mädchen mit verschränkten Armen, um 1903 (Ausschnitt)

Paula Modersohn-Becker, Hühner, 1902

Paula Modersohn-Becker, Ländliches Fest, 1904

Paula Modersohn-Becker, Mädchen mit Kinderwagen, 1904

Bild auf den Seiten 96 und 97:
Paula Modersohn-Becker, Der Junge im Schnee, 1905/6

Paula Modersohn-Becker, Stilleben mit Goldfischglas, o. J.

Paula Modersohn-Becker, Alte Armenhäuslerin mit der Glasflasche, 1906/7

Paula Modersohn-Becker, Mädchenakt mit Blumen, 1907

Paula Modersohn-Becker, Kind mit Goldfischglas, 1907

Paula Modersohn-Becker, Knieende Mutter mit Kind, 1907

Inhalt

Nachweis der Bilder

Fritz Mackensen, Selbstportrait, um 1930, Historisches Museum, Stade
Fritz Mackensen, Brücke am Kanal, 1884, Privatbesitz
Fritz Mackensen, Alte Wollspinnerin, 1891, Sammlung Bernhard Kaufmann, Stade
Fritz Mackensen, Mädchen am Gartenzaun, 1897, Sammlung Bernhard Kaufmann, Stade
Fritz Mackensen, Worpsweder Mühle, 1889, Privatbesitz
Fritz Mackensen, Gottesdienst im Moor (1884 - 1894), Historisches Museum am Hohen Ufer, Hannover
Fritz Mackensen, Der Säugling, genannt „Moormadonna", 1892, Kunsthalle Bremen
Fritz Mackensen, Torfkähne auf der Hamme, 1897, Große Kunstschau, Worpswede
Fritz Mackensen, Herbst, 1896, Privatbesitz
Fritz Mackensen, Holzschuhschnitzer im Teufelsmoor, 1898, Sammlung Bernhard Kaufmann, Stade
Fritz Mackensen, Otto Modersohn beim Malen, um 1890, Otto-Modersohn-Museum, Fischerhude
Otto Modersohn, Weg mit Blütenbäumen, 1888, Otto-Modersohn-Museum, Fischerhude
Otto Modersohn, Moorkate mit Bäuerin und Ziege, 1889, Otto-Modersohn-Museum, Fischerhude
Otto Modersohn, Stürmischer Sommertag mit Worpsweder Kirche, 1891, Privatbesitz
Otto Modersohn, Die Wolke, um 1890, Otto-Modersohn-Museum, Fischerhude
Otto Modersohn, Im Teufelsmoor, um 1896, Otto-Modersohn-Museum, Fischerhude
Otto Modersohn, Herbstmorgen am Moorkanal, 1895, Sammlung Bernhard Kaufmann, Stade
Otto Modersohn, Sommertag (Malven), 1896, Otto-Modersohn-Museum, Fischerhude
Otto Modersohn, Birkengruppe, 1901, Privatbesitz
Otto Modersohn, Wiesengräser mit Blumen, um 1902, Otto-Modersohn-Museum, Fischerhude
Otto Modersohn, Schützenfest in Worpswede, um 1905, Privatbesitz
Otto Modersohn, Paula im nächtlichen Garten, um 1901, Kunsthalle Bremen
Hans am Ende, Wolke, 1895, Privatbesitz
Hans am Ende, Weites Land, 1902, Große Kunstschau, Worpswede
Hans am Ende, Birken am Torfkanal, um 1900, Worpsweder Kunsthalle Friedrich Netzel
Hans am Ende, Sommertag, 1901, Privatbesitz
Hans am Ende, Torfkähne auf der Hamme (Überschwemmung), um 1900, Privatbesitz
Hans am Ende, Frühlingstag, 1897 oder 1898, Kunsthalle Bremen
Hans am Ende, Weyerberg mit Sommerwolken, um 1899, Nationalgalerie, Berlin-West
Hans am Ende, Abend am Weyerberg, um 1900, Galerie Cohrs-Zirus, Worpswede
Hans am Ende, Abend am Torfkanal, um 1900, Privatbesitz
Hans am Ende, Segelfahrt, 1899, Privatbesitz
Hans am Ende, Stimmung im Moor, um 1900, Galerie Cohrs-Zirus, Worpswede
Hans am Ende, Wintertag in Worpswede, um 1900, Worpsweder Kunsthalle Friedrich Netzel
Otto Modersohn, Fritz Overbeck beim Malen, um 1900, Otto-Modersohn-Museum, Fischerhude
Fritz Overbeck, Stürmischer Tag im Teufelsmoor, um 1900, Sammlung Bernhard Kaufmann, Stade
Fritz Overbeck, Sommertag in der Hammeniederung, um 1900, Worpsweder Kunsthalle Friedrich Netzel
Fritz Overbeck, Birken bei Worpswede, um 1900, Landesgalerie Oldenburg
Fritz Overbeck, Im Moor, um 1900, Bayerische Staatsgemäldesammlung, München
Fritz Overbeck, Hof in der Niederung, 1904, Große Kunstschau, Worpswede
Fritz Overbeck, Moorwand im Frühlingsschmuck, 1909, Hessisches Landesmuseum, Darmstadt
Fritz Overbeck, Stürmischer Tag, um 1900, Kunsthalle Bremen
Fritz Overbeck, Bäume im Sturm, 1906, Große Kunstschau, Worpswede
Fritz Overbeck, Aus Worpswede, um 1900, Privatbesitz
Fritz Overbeck, Blühendes Buchweizenfeld am Weyerberg, 1900, Sammlung Bernhard Kaufmann, Stade
Heinrich Vogeler, Selbstbildnis mit Schottenkappe, 1909, Sammlung Bernhard Kaufmann, Stade
Heinrich Vogeler, Der Barkenhoff mit Blick ins Moor, vor 1897, Staatliche Kunstsammlungen Dresden
Heinrich Vogeler, Blick ins Moor, 1907, Privatbesitz
Heinrich Vogeler, Heufahrt auf der Hamme, um 1895, Sammlung Bernhard Kaufmann, Stade
Heinrich Vogeler, Die Heiligen drei Könige, 1897, Große Kunstschau, Worpswede
Heinrich Vogeler, Frühling, 1898, Haus im Schluh, Worpswede
Heinrich Vogeler, Am Weyerberg, 1912, Sammlung Bernhard Kaufmann, Stade
Heinrich Vogeler, Erster Sommer, 1902, Kunsthalle Bremen
Heinrich Vogeler, Sommerabend auf dem Barkenhoff, um 1905, Große Kunstschau, Worpswede
Paula Modersohn-Becker, Selbstbildnis im Halbakt, 1906, Privatbesitz
Paula Modersohn-Becker, Hand mit Blumenstrauß, 1902, Privatbesitz
Paula Modersohn-Becker, Mädchen mit verschränkten Armen, um 1903, Privatbesitz
Paula Modersohn-Becker, Hühner, 1902, Große Kunstschau, Worpswede
Paula Modersohn-Becker, Ländliches Fest, 1904, Kunsthalle Düsseldorf
Paula Modersohn-Becker, Mädchen mit Kinderwagen, 1904, Sammlung Bernhard Kaufmann, Stade
Paula Modersohn-Becker, Der Junge im Schnee, 1905/6, Kunsthalle Bremen
Paula Modersohn-Becker, Stilleben mit Goldfischglas, o. J., Von-der-Heydt-Museum, Wuppertal
Paula Modersohn-Becker, Alte Armenhäuslerin mit Glasflasche, 1906/7, Privatbesitz
Paula Modersohn-Becker, Mädchenakt mit Blumen, 1907, Von-der-Heydt-Museum, Wuppertal
Paula Modersohn-Becker, Kind mit Goldfischglas, 1907, Bayerische Staatsgemäldesammlung, München
Paula Modersohn-Becker, Knieende Mutter mit Kind, 1907, Nationalgalerie Berlin-West

Danksagung

Allen Besitzern von Bildern – privaten Personen und öffentlichen Museen oder Sammlungen – sei an dieser Stelle herzlich gedankt.

Der Autor
Karl Veit Riedel

geboren am 20. Februar 1932 in Berlin
aufgewachsen in Reichenbach im Vogtland
dort 1948 Abitur
anschließend Schauspiel- und Regiestudium an der Robert-Schumann-Akademie in Zwickau/Sachsen
1949 Studium der Literaturwissenschaft, Germanistik, Volkskunde, Kunstgeschichte und Psychologie an den Universitäten Berlin (FU), Hamburg, Tübingen und Kiel
1960 Promotion an der Universität Hamburg im Hauptfach Literaturwissenschaft
1961 - 1968 freiberufliche wissenschaftliche und publizistische Tätigkeit
seit 1968 Kustos am Landesmuseum für Kunst- und Kulturgeschichte Oldenburg und Tätigkeit als Kunstkritiker
Zahlreiche wissenschaftliche Veröffentlichungen, u. a. „Friedrich Johann Lorenz Meyer 1760 - 1844. Ein Leben in Hamburg zwischen Aufklärung und Biedermeier" 1963, „Der Bänkelsang" 1963, „Jugend und Fernsehen" 1966, „Warum wir so leben" 1970, „Worpswede und das Teufelsmoor" (in „Deutsche Künstlerkolonien und Künstlerorte") 1976, „Puppentheater Oldenburg" 1982, „Graf Anton Günther – ein fürstlicher Baumeister?" (Katalogbeitrag) 1983, „Fritz Mackensen" (Katalogbeitrag) 1986, „Gerhard Bakenhus (1860 - 1939)" und „Maler in Kreyenbrück" (Katalogbeiträge) 1987, „Worpswede in Fotos und Dokumenten", Fischerhude 1988
lebt in Aschhausen bei Bad Zwischenahn und in Hamburg-Meiendorf